GABRIELE GUGETZER

VEGAN

FOTOGRAFIE: COCO LANG

INHALT

Öffnen Sie die Klappen dieses Buches.
Dort finden Sie die wichtigsten Infos zum Thema auf einen Blick!

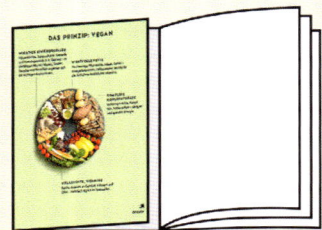

GU CLOU

Wussten Sie schon, dass …?
Entdecken Sie bei einigen ausgewähl-
ten Rezepten ganz besondere Tipps
mit verblüffendem Insiderwissen.
Aha-Momente garantiert!

 Die Backzeiten können je nach Herd variie-
ren. Unsere Temperaturangaben beziehen
sich auf das Backen im Elektroherd mit
Ober- und Unterhitze.

 Sammeln Ihrer Lieblingsrezepte
mit der »GU Kochen Plus«-App
(siehe S. 64)

REZEPTKAPITEL

06 SALATE & SNACKS

22 SUPPEN

32 ZUM SATTESSEN

50 SÜSSES

GABRIELE GUGETZER

Zu meinem Freundeskreis gehören Veganer, Vegetarier und klassische Fleischfans. Damit ich sie alle glücklich mache, überrasche ich sie gerne mit Gerichten, die ganz natürlich vegan sind, also mit wenigen Ersatzprodukten zubereitet werden. Die Inspirationen dafür hole ich mir als Reisejournalistin leidenschaftlich gerne in den Küchen der Welt.

Warum koche ich so gerne vegan?

Weil's abwechslungsreich und gesund ist und immer wieder für spannende neue Geschmackserlebnisse sorgt. Obst und Gemüse in allen Farben des Regenbogens, altmodische Getreidesorten, die man jetzt wiederentdeckt, Würzzutaten, mit denen sich ein Gericht veredeln lässt – das macht großen Spaß in der heimischen Küche!

An wen richtet sich mein Buch?

Mit diesem Buch möchte ich zum Kochen verführen, mit veganen, fix zubereiteten Gerichten für jeden Tag. Weil Ihnen der Teenager am Tisch beim Frühstück eröffnet hat, nun als Veganer die Welt retten zu wollen. Weil Sie vegan-

willig sind, aber nicht wissen, ob das schmeckt, oder was da für ungesunde Zusatzstoffe enthalten sind. Weil Ihr in der WG endlich mal kochen wollt, so schwer kann's ja wohl nicht sein, und warum dann nicht auch gleich vegan!

Wird das Einkaufen jetzt kompliziert?

Überhaupt nicht! Man kann quasi auf der Stelle loslegen. Denn die meisten der Zutaten in meinem Buch gibt es im gut sortierten Supermarkt. Und für die asiatisch inspirierten Lieblingsrezepte lohnt sich auch mal ein Gang in den Asienladen.

5-ZUTATEN-REZEPT: AVOCADO-KICHERERBSEN-SALAT

Den Saft von 1 Limette auspressen.

1 Dose Kichererbsen (400 g Abtropfgewicht) in ein Sieb abgießen, kalt abbrausen und gut abtropfen lassen.

2 Avocados halbieren, entkernen. Das Fruchtfleisch mit einem Löffel aus der Schale heben und klein würfeln.

1 Bio-Salatgurke waschen, längs halbieren, entkernen und fein schneiden.

Sämtliche Zutaten in einer Salatschüssel mit 3 EL Olivenöl verrühren, pikant salzen und pfeffern.

TO GO – SALATE & SNACKS

CAPONATA

*2 mittelgroße Auberginen
  (ca. 500 g)*
Salz
4 Stangen Staudensellerie
500 g Tomaten
100 ml Olivenöl
1 Zwiebel
3 EL Rosinen
3 EL Aceto balsamico
3 EL Kapern
2 EL Pinienkerne
1 Bund Basilikum
Pfeffer

1 Auberginen putzen, waschen und fein würfeln. In einem Sieb mit 1 TL Salz bestreuen und etwa 5 Min. ruhen lassen. Den Staudensellerie putzen, waschen und mit etwas Grün fein hacken. Die Tomaten waschen und halbieren, dabei die Stielansätze entfernen. Die Tomatenhälften hacken.

2 50 ml Olivenöl in einer großen Pfanne erhitzen. Auberginen-würfel darin bei mittlerer Hitze unter häufigem Wenden in etwa 20 Min. weich garen. Aus der Pfanne heben und in einer Schüssel beiseitestellen. Die Pfanne mit Küchenpapier auswischen.

3 Die Zwiebel schälen und in feine Würfel schneiden. Das restliche Olivenöl (50 ml) in der Pfanne erhitzen, die Zwiebel-stückchen darin bei mittlerer Hitze in ca. 5 Min. glasig dünsten. Tomaten und Sellerie unterrühren. Das Gemüse einmal kurz aufkochen lassen. Rosinen, Aceto balsamico und Kapern hinzu-fügen, alles salzen und abgedeckt in ca. 20 Min. weich köcheln.

4 In der Zwischenzeit die Pinienkerne in etwa 3 Min. goldgelb rösten. Das Basilikum abbrausen und trocken schütteln. Die Auberginenwürfel zur Caponata geben, die Hälfte des Basili-kums als Sträußchen hineinhängen und ca. 3 Min. mitköcheln.

5 Danach das Basilikum entfernen. Die Caponata etwa 30 Min. auf Zimmertemperatur abkühlen lassen, bei Bedarf mit Salz und Pfeffer nachwürzen. Vor dem Servieren mit dem restli-chen Basilikum garnieren. Dazu passt Ciabatta oder Weißbrot.

Für 4 Personen • 40 Min. Zubereitungszeit • Pro Portion ca. 305 kcal, 9 g E, 28 g F, 5 g KH

ALBÓNDIGAS IN TOMATENSAUCE

ZUM BRUNCH

100 ml Gemüsebrühe
40 g Sojaflocken (Asienladen)
2 Schalotten
2 Knoblauchzehen
250 g aromatische Pilze
(z. B. Kräuterseitlinge oder
eine Mischung aus Champi-
gnons und Shiitake)
50 ml Olivenöl
Salz, Pfeffer
3 EL Gemüsebrühe
1 Chilischote
4 Zweige Zitronenthymian
(ersatzweise Thymian)
1 Dose stückige Tomaten
(400 g)

1 Brühe erhitzen, Flocken darin 20 Min. quellen lassen. Schalotten und 1 Knoblauchzehe schälen, Pilze putzen. Alles fein hacken. 2 EL Öl in einer Pfanne erhitzen. Schalotten und Knoblauch darin ca. 8 Min. dünsten. Pilze zufügen und kurz mitbraten. Alles salzen, pfeffern, mit 3 EL Brühe ablöschen und abgedeckt in etwa 8 Min. weich garen. Flocken ausdrücken und unterrühren. Von der Masse mit einem Löffel Bällchen (Albóndigas) abstechen, beiseitestellen.

2 Chili waschen, halbieren, Stielansatz, weiße Trennwände und Kerne entfernen. Übrige Knoblauchzehe schälen und mit den Chilihälften grob hacken. Thymian abbrausen, trocken schütteln. Die Blättchen abzupfen. Chili, Knoblauch und Tomaten in einem Topf aufkochen. Thymianblättchen hinzufügen und alles etwa 20 Min. offen köcheln lassen. Inzwischen übriges Öl (3 EL) in einer Pfanne erhitzen. Albóndigas darin in ca. 8 Min. rundum knusprig anbraten. Die Sauce salzen, pfeffern, pürieren. Mit den Albóndigas anrichten.

Für 4 Personen • 20 Min. Zubereitungszeit • 2 Std. Marinierzeit • Pro Portion ca. 365 kcal, 8 g E, 26 g F, 22 g KH

BROTSALAT MIT KRÄUTER-DRESSING

AUS ITALIEN

½ Ciabatta vom Vortag
100 g Walnusskerne
500 g reife Tomaten
1 Salatgurke
1 rote Zwiebel
1 Bund glatte Petersilie
4 EL Olivenöl
2 EL Aceto balsamico
   (ersatzweise Fruchtessig)
Salz, Pfeffer

MEHR DRAUS MACHEN
4 EL Kapern in Mehl wenden,
in 4 EL heißem Öl anbraten
und über den Salat streuen.

1 Ofen auf 160° vorheizen. Ciabatta grob würfeln, auf einem Backblech auslegen und ca. 15 Min. im Ofen (Mitte) knusprig backen. Walnüsse im abkühlenden Ofen rösten, anschließend grob hacken. Tomaten waschen und vierteln, dabei die Stielansätze entfernen. Gurke waschen, längs halbieren, die Kerne herausschaben und das Fruchtfleisch würfeln. Zwiebel schälen, in feine Ringe schneiden.

2 Petersilie kalt abbrausen, trocken schütteln. Die Blättchen von den Stängeln zupfen und fein hacken. Die Stängel mit dem Öl in einen hohen Rührbecher geben und möglichst fein pürieren. Das Petersilienöl abseihen. Mit Essig, Salz und Pfeffer pikant abschmecken.

3 Alle vorbereiteten Zutaten in eine große Schüssel geben und vermischen. Mit Frischhaltefolie abdecken und ca. 2 Std. ziehen lassen. Vor dem Servieren nochmals gut vermischen und abschmecken.

Für 4 Personen • 40 Min. Zubereitungszeit •
Pro Portion ca. 115 kcal, 2 g E, 10 g F, 4 g KH

Für 4 Personen • 20 Min. Zubereitungszeit •
Pro Portion ca. 505 kcal, 11 g E, 30 g F, 47 g KH

AUBERGINENKAVIAR

KLASSIKER AUS DER LEVANTE

2 Auberginen (ca. 500 g) • 4 EL Olivenöl • Salz •
1 große Knoblauchzehe • 3 Frühlingszwiebeln •
3 Zweige frische Minze • 5 Stängel Petersilie •
Pfeffer • ½ TL Chilipulver

1 Ofen auf 200° vorheizen. Auberginen putzen,
waschen, längs halbieren und innen kreuzweise
bis zur Schale einritzen. Mit der Schnittfläche
nach oben auf ein Blech geben, mit Öl bestreichen, salzen. Im Ofen (Mitte) ca. 30 Min. backen.

2 Knoblauch schälen, mit Salz zerdrücken.
Frühlingszwiebeln waschen, putzen, in Röllchen
schneiden. Kräuter abbrausen, trocken schütteln.
Die Blättchen abzupfen und grob hacken. Auberginen aus dem Ofen nehmen. Das Fruchtfleisch
mit einem Löffel aus der Schale heben, mit
Knoblauch, Pfeffer und Chili verrühren, evtl.
nachsalzen. Mit Kräutern und Frühlingszwiebeln
garnieren. Dazu schmeckt Fladenbrot.

AVOCADOSTULLE

100 % KALIFORNIEN

200 g Seidentofu • 2 EL Sesamöl • 3 EL Mirin
(Reiswein, Asienladen) • Salz • 2 reife Avocados •
Pfeffer • 1 Beet Alfalfa-Sprossen • 8 Scheiben Brot
nach Wunsch

1 Den Seidentofu mit Sesamöl und Mirin glatt
verrühren und etwas salzen. Avocados halbieren,
entkernen. Das Fruchtfleisch mit einem Löffel aus
der Schale heben und in dünne Streifen schneiden. Salzen und pfeffern. Die Alfalfa-Sprossen
von dem Beet in ein feines Sieb schneiden,
behutsam abbrausen und trocken schütteln.

2 Alle Brotscheiben mit der Tofu-Mayonnaise
bestreichen. Auf vier Brotscheiben die Alfalfa-
Sprossen verteilen, darüber die Avocadoschei-
ben legen und mit den restlichen Brotscheiben
abdecken. Die Stullen fest zusammendrücken.

Für 4 Personen • 15 Min. Zubereitungszeit •
Pro Portion ca. 110 kcal, 2 g E, 10 g F, 1 g KH

Für 4 Personen • 10 Min. Zubereitungszeit •
Pro Portion ca. 160 kcal, 5 g E, 10 g F, 11 g KH

CHAMPIGNONSALAT

GÜNSTIG

250 g Champignons • 6 Stängel Petersilie •
4 EL Olivenöl • 1 EL Aceto balsamico • 4 ge-
trocknete Tomaten • Salz, Pfeffer • 2 EL Kapern

1 Die Champignons putzen, bei Bedarf mit
einem feuchten Küchentuch abreiben, fein
schneiden. Petersilie kalt abbrausen, trocken
schütteln, die Blättchen von den Stängeln zupfen. Die Stängel grob, die Blättchen fein hacken.

2 Gehackte Petersilienstängel mit Öl, Balsamico
und 1 getrockneten Tomate in einen hohen
Rührbecher geben und mit dem Pürierstab glatt
pürieren. Pikant salzen und pfeffern.

3 Die restlichen Tomaten fein hacken, die
Kapern bei Bedarf hacken. Alle vorbereiteten
Zutaten in einer Schüssel vermischen. Auf Teller
verteilen und sofort servieren. Alternativ den
Salat zum Mitnehmen in ein Schraubglas füllen.

BOHNEN-ZITRUS-DIP

BALLASTSTOFFREICH

1 Dose weiße Riesenbohnen (400 g Abtropf-
gewicht) • 1 große Knoblauchzehe • 1 Bio-
Zitrone • 4 EL Olivenöl (extra vergine) •
3 EL Gemüsebrühe • Salz, Pfeffer

1 Die Bohnen in ein Sieb abgießen, kalt
abbrausen und abtropfen lassen. Knoblauch
schälen, fein hacken. Die Zitrone heiß waschen,
abtrocknen und die Schale fein abreiben. Die
Zitrone halbieren, den Saft auspressen.

2 Zitronensaft zur Hälfte mit dem Öl verrühren.
Bohnen, Knoblauch, Gemüsebrühe und den
übrigen Zitronensaft in einen hohen Rührbecher
geben und mit dem Pürierstab zu einer zähflüssi-
gen Creme pürieren. Salzen und pfeffern.

3 Den Dip in eine Schüssel umfüllen, mit dem
Zitronenöl und der Zitronenschale garnieren.
Passt prima zu Gemüsesticks und Weißbrot.

Für 4 Personen • 30 Min. Zubereitungszeit • 1 Std. Ruhezeit • Pro Portion ca. 595 kcal, 22 g E, 19 g F, 84 g KH

NUDELBOWL MIT FRITTIERTEN TOFUWÜRFELN

AUS ASIEN

300 g Tofu
Salz
50 g Maisstärke
3 El Öl
300 g Udon-Nudeln (Asienladen)
1 Stück Ingwer (2 cm lang)
2 Limetten
1 große Knoblauchzehe
3 EL Sesamöl
200 g Sojakerne (aus der Tiefkühl-
   truhe im Asienladen)
3 rote Paprika

DEKO-TIPP
Ergänzen Sie das Topping mit
3 Frühlingszwiebeln. Diese
putzen, waschen und diagonal
in dünne Röllchen schneiden.
In der chinesischen Küche
heißt dieser Schnitt Pferde-
ohren. Und das passt!

1 Den Tofu erst in Küchenpapier, dann in ein Geschirrtuch wickeln. Mit einer Bratpfanne oder Ähnlichem beschweren. Nach ca. 1 Std. ist ein Großteil des Wassers ausgetreten. Der Tofu ist nun kompakt und lässt sich gut frittieren.

2 Tofu in ca. 1–2 cm große Würfel schneiden, mit Salz bestreuen und in der Stärke wenden. Das Öl in einer großen Pfanne erhitzen, den Tofu portionsweise darin etwa 8 Min. knusprig frittieren. Auf einem Kuchengitter abkühlen lassen.

3 Die Nudeln nach Packungsanweisung in kochendem Salzwasser al dente garen. Am Ende der Garzeit aus dem Topf in Schüsseln heben, damit etwas Kochwasser haften bleibt.

4 Den Ingwer schälen, fein hacken. Die Limetten halbieren und den Saft auspressen. Die Knoblauchzehe schälen, fein hacken. Alles in einer kleinen Schüssel mit dem Sesamöl verrühren und unter die warmen Nudeln mischen.

5 Die Sojakerne in wenig Salzwasser ca. 3 Min. blanchieren, dann abgießen. Paprika waschen, halbieren, Stielansätze, weiße Trennwände und Kerne entfernen. Die Paprikahälften in Rauten schneiden. Die Nudeln nochmals durchrühren, dann mit Tofuwürfeln, Sojakernen und Paprikarauten bestreuen.

Für 4 Personen • 30 Min. Zubereitungszeit • Pro Portion ca. 250 kcal, 12 g E, 8 g F, 29 g KH

LAUWARMER LINSENSALAT

200 g Puy-Linsen (ersatzweise Beluga-Linsen)
1 getrocknete Chilischote
1 Bio-Orange
100 ml Gemüsebrühe
3 EL Olivenöl
½ TL Kakaopulver
Salz, Pfeffer
1 Bund glatte Petersilie

1 Die Linsen mit der Chilischote in einen Topf geben, mit kaltem Wasser bedecken, einmal aufkochen lassen, dann nach Packungsanweisung bissfest kochen. Zwischendurch bei Bedarf Wasser nachgeben. Am Ende der Garzeit die Linsen in ein Sieb abgießen und abtropfen lassen. Die Chilischote ausdrücken und entfernen.

2 Orange heiß waschen, abtrocknen und die Schale fein abreiben. Brühe, Öl, Orangenschale und Kakao zu einem Dressing verrühren, pikant salzen und pfeffern. Unter die warmen Linsen mischen.

3 Die Petersilie kalt abbrausen, trocken schütteln. Die Blätter von den Stängeln zupfen, fein hacken und mit den Linsen vermischen. Den Salat nach Belieben warm, lauwarm oder kalt servieren.

Für 4 Personen • 20 Min. Zubereitungszeit • 2 Std. Marinierzeit • Pro Portion ca. 415 kcal, 13 g E, 14 g F, 55 g KH

GEEISTE NUDELBOWL

*300 g Soba-Nudeln
    (ersatzweise Udon-Nudeln,
    Asienladen)
2 Limetten
3 EL Sojasauce
3 EL Sesamöl
½ Salatgurke
¼ schwarzer oder weißer
    Rettich
3 EL Sesam*

AUSSERDEM
10 Eiswürfel

1 Die Nudeln in heißem Wasser einmal aufkochen lassen, dann mit Ess-Stäbchen durchrühren, 100 ml kaltes Wasser nachgießen, wieder aufkochen lassen. Diesen Vorgang noch zweimal wiederholen, bis die Nudeln gar sind. Die Eiswürfel in eine Schüssel füllen. Nudeln direkt aus dem Topf in die Schüssel heben, durchrühren.

2 Die Limetten halbieren, den Saft auspressen und in einer kleinen Schüssel mit Sojasauce und Sesamöl verrühren. Die Nudeln mit dem Dressing vermischen und ca. 2 Std. im Kühlschrank marinieren, dabei mehrfach durchrühren, damit sie nicht verkleben.

3 Gurke putzen, waschen, längs halbieren und die Kerne herausschaben. Den Rettich putzen, schälen. Gurke und Rettich fein raspeln. Die Nudeln nochmals durchrühren und abschmecken. Mit Gurken- und Rettichraspeln garnieren und mit Sesam bestreuen.

ONIGIRAZU MIT AVOCADO UND DILLSPINAT

KLASSIKER AUS JAPAN

200 g Sushi-Reis
60 ml Sushi-Reisessig (Asienladen)
1 EL Zucker
Salz
4 Stängel Dill
150 g TK-Spinat
1 Pck. Sushi-Ingwer (Asienladen;
    ca. 3 EL)
1 Limette
2 reife Avocados
1 TL Chiliöl
4 große Nori-Blätter (Asienladen)

1 Den Sushi-Reis in kochendem Salzwasser in ca. 20 Min. weich garen. In den noch warmen Reis den Essig einrühren. Mit Zucker und 1 TL Salz würzen. Reis zu einer etwa fingerdicken Platte formen (Bild 1), mit Frischhaltefolie abdecken.

2 Während der Reis gart, den Dill kalt abbrausen und trocken schütteln. Die Spitzen von den Stängeln zupfen und fein hacken. TK-Spinat und 2 EL Wasser in einem kleinen Topf kurz aufkochen lassen, salzen. Ingwer fein hacken und mit dem Dill und etwas Salz unter den Spinat rühren.

3 Die Limette halbieren, den Saft auspressen. Die Avocados halbieren, entkernen, das Fruchtfleisch mit einem Löffel aus der Schale heben und klein schneiden (Bild 2). Mit Limettensaft, Chiliöl und Salz zu einer pikanten Creme verrühren.

4 Das erste Nori-Blatt mit der glänzenden Seite nach unten auf ein passendes Stück Frischhaltefolie legen. Auf einer Hälfte etwa 3 EL Reis mit feuchten Händer verteilen, dabei einen Rand von ca. 0,5 cm stehen lassen (Bild 3). Den Reis mit Avocadocreme bestreichen und mit Spinat belegen (Bild 4). Nach einer weiteren Reisschicht die obere Hälfte des Nori-Blattes mithilfe der Frischhaltefolie darüberklappen (Bild 5). Mit den übrigen Nori-Blättern in gleicher Weise verfahren.

5 Die Ränder der Nori-Blätter aneinanderdrücken. Onigirazu einige Minuten ruhen lassen, dann mit einem feuchten Messer mitsamt der Frischhaltefolie in zwei Hälften schneiden (Bild 6). Die Folie erst unmittelbar vor dem Verzehr abziehen.

Für 4 Portionen • 20 Min. Zubereitungszeit • Pro Portion ca. 290 kcal, 9 g E, 5 g F, 51 g KH

COUSCOUS MIT KURKUMACREME

MAROKKO TRIFFT AUF INDIEN

250 g Instant-Couscous
1 Bio-Zitrone
1 TL gemahlene Kurkuma
100 ml Kokosmilch
300 g Möhren
Salz, Pfeffer

1 Den Instant-Couscous nach Packungsanweisung mit heißem Wasser übergießen. Circa 15 Min. ausquellen lassen.

2 Inzwischen die Zitrone heiß waschen, abtrocknen und die Schale fein abreiben. Zitrone halbieren, den Saft auspressen. Kurkuma und Kokosmilch in eine kleine Schüssel geben und verrühren.

3 Die Möhren putzen, schälen und die Hälfte auf der Gemüsereibe raspeln. Übrige Möhren fein würfeln und in wenig kochendem Salzwasser in ca. 5 Min. bissfest garen. Alle vorbereiteten Zutaten unter den Couscous rühren. Mit Salz und Pfeffer abschmecken.

Für 4 Personen • 25 Min. Zubereitungszeit • Pro Portion ca. 415 kcal, 14 g E, 20 g F, 40 g KH

QUINOA-SALAT MIT HUMMUS

AUS ISRAEL

200 g Quinoa
3 EL Olivenöl
Salz
1 Dose Kichererbsen (400 g)
Pfeffer
40 ml Limettensaft
3 EL Tahin-Sauce (Asienladen)
2 Knoblauchzehen
Keimsprossen (nach Belieben)

1 Quinoa in einem Topf ohne Fett kurz anrösten, mit 500 ml heißem Wasser sowie je 1 EL Öl und Salz aufkochen und ca. 20 Min. bei geringer Hitze quellen lassen. Danach in ein Sieb abgießen.

2 Kichererbsen in ein Sieb geben, kalt abbrausen und abtropfen lassen. Die Hälfte unter die Quinoa rühren und diese mit Salz und Pfeffer pikant abschmecken. Die restlichen Kichererbsen mit 20 ml Limettensaft, Tahin-Sauce und 1 Prise Salz in einen hohen Rührbecher geben und glatt pürieren. Bei Bedarf esslöffelweise heißes Wasser dazugeben, bis eine cremige Konsistenz erreicht ist.

3 Knoblauch schälen, hacken und mit etwas Salz zu einem Mus zerdrücken. Mit restlichem Öl (2 EL) und Limettensaft (20 ml) zu einem würzigen Dressing verrühren und mit Salz abschmecken. Hummus auf Salatschüsseln verteilen, Quinoa darauf anrichten und mit Dressing beträufeln. Nach Belieben mit Sprossen garnieren.

SUPPEN

Für 4 Personen • 15 Min. Zubereitungszeit • Pro Portion ca. 135 kcal, 6 g E, 7 g F, 11 g KH

MISOSÜPPCHEN AUF TOFUWÜRFELN

AUS JAPAN

*2 kleine Köpfe Pak Choi
(ca. 300 g; ersatzweise
Mangold)
2 EL Ahornsirup
Salz
4 EL Misopaste (Asienladen)
2 EL Sesamöl
2 EL Sojasauce
300 g Seidentofu*

1 Pak Choi putzen, waschen. Die Stängel in etwa 2 cm breite Stücke schneiden, die Blätter fein hacken. Die Stängel mit dem Ahornsirup in einen Topf geben und in wenig Salzwasser ca. 3 Min. köcheln.

2 In einem Topf 800 ml Wasser erhitzen. Die Misopaste mit einem Rührbesen einrühren, die Pak-Choi-Blättchen einlegen. Zuletzt das Sesamöl und die Sojasauce unterrühren.

3 Den Seidentofu vorsichtig in Würfel schneiden und diese auf vier Suppenschalen verteilen. Mit dem Misosüppchen auffüllen und mit den Pak-Choi-Stengeln garnieren. Sofort servieren.

GUT ZU WISSEN
Nicht nur in der kanadischen Küche: Ahornsirup ist auch in Japan ein traditionelles und beliebtes Süßungsmittel.

Für 4 Personen • 25 Min. Zubereitungszeit • Pro Portion ca. 265 kcal, 14 g E, 8 g F, 31 g KH

ROTE LINSENSUPPE MIT GRÜNKOHL

VOLLWERTKÜCHE

200 g rote Linsen
1 l Gemüsebrühe
½ TL Chilipulver
8 Stängel Grünkohl (ersatz-
*   weise 50 g TK-Grünkohl)*
Salz
3 EL Öl
10 g Glasnudeln

1 Linsen und Gemüsebrühe in einen Topf geben und aufkochen. Das Chilipulver unterrühren. Linsen abgedeckt bei geringer Hitze in etwa 20 Min. weich garen. Inzwischen den Grünkohl putzen und waschen. Den harten Strunk entfernen und die Blättchen fein zupfen.

2 Am Ende der Garzeit die Linsensuppe mit dem Pürierstab glatt pürieren. Mit Salz abschmecken. Die Grünkohlblättchen hinzufügen und die Suppe weitere 3–4 Min. bei geringer Hitze köcheln lassen.

3 Das Öl in einer großen Pfanne erhitzen. Die Glasnudeln darin portionsweise 1–2 Sek. frittieren, bis sie aufgehen. Die Suppe in vier Teller verteilen und mit den frittierten Glasnudeln garniert servieren.

Für 4 Personen • 30 Min. Zubereitungszeit • Pro Portion ca. 165 kcal, 3 g E, 8 g F, 20 g KH

KÜRBISSUPPE

SCHNELL

1 kg Kürbis (z. B. Butternut-
*   Kürbis)*
1 Schalotte
2 Orangen
3 EL Öl
750 ml Gemüsebrühe
Salz, Pfeffer
¼ TL frisch geriebene
*   Muskatnuss*
50 ml Brandy nach Belieben

1 Den Kürbis vierteln, bei Bedarf schälen, Kerne und Fasern entfernen. Das Fruchtfleisch grob würfeln. Die Schalotte schälen, fein hacken. Die Orangen halbieren und den Saft auspressen.

2 Das Öl in einem großen Topf erhitzen. Gehackte Schalotten darin bei geringer Hitze in ca. 5 Min. glasig dünsten. Kürbiswürfel und Orangensaft hinzufügen, mit Gemüsebrühe auffüllen. Alles aufkochen, mit Salz und Pfeffer würzen und abgedeckt bei geringer Hitze etwa 20 Min. köcheln, bis die Kürbisstücke weich sind.

3 Suppe mit Muskatnuss abschmecken und glatt pürieren. Nach Belieben durch ein Sieb streichen und den Brandy unterrühren. Die Suppe heiß oder auf Zimmertemperatur abgekühlt servieren.

Für 4 Personen • 20 Min. Zubereitungszeit • 2 Std. Kühlzeit • Pro Portion ca. 205 kcal, 4 g E, 16 g F, 11 g KH

GAZPACHO

KLASSIKER AUS SPANIEN

800 g reife Tomaten
1 kleine weiße Zwiebel
1 Knoblauchzehe
1 Salatgurke
2 rote Paprika
1 kleine rote Chilischote
60 ml Olivenöl
1 EL Sherryessig
Salz, Pfeffer

1 Tomaten waschen, vierteln und von den Stielansätzen befreien. Kerne herausschaben. Zwiebel und Knoblauch schälen, fein hacken. Gurke schälen, längs halbieren und entkernen. Das Fruchtfleisch grob hacken, dabei einige Stücke für die Garnierung beiseitelegen. Paprikas und Chili waschen, halbieren, Stielansätze, weiße Trennwände und Kerne entfernen. Paprika- und Chilihälften grob hacken.

2 Alle vorbereiteten Zutaten in einen hohen Rührbecher geben und mit dem Pürierstab fein pürieren. Mit Olivenöl, Sherryessig sowie Salz und Pfeffer pikant würzen. Für ca. 2 Std. kühl stellen. Danach in geeiste Gläser verteilen und mit den Gurkenstückchen garnieren.

Für 4 Personen • 1 Std. Einweichzeit • 35 Min. Zubereitungszeit • Pro Portion ca. 165 kcal, 5 g E, 8 g F, 14 g KH

TOPINAMBURSÜPPCHEN MIT KRESSE

VOLLWERTKÜCHE

50 g Haselnusskerne
400 g Topinambur
2 große Kartoffeln (ca. 300 g)
1 l Gemüsebrühe
Salz
1 TL gemahlener Kümmel
1 Beet Kresse
Pfeffer

GUT ZU WISSEN

Das in Topinambur enthaltene Inulin wird mit Kümmel, Minze oder Angelikawurzel besser verdaulich.

1 Die Haselnusskerne mindestens 1 Std. in warmem Wasser einweichen, dann abseihen, zerkleinern und fein pürieren.

2 Topinambur und Kartoffeln schälen, grob würfeln. Mit der Brühe und 1 TL Salz in einen Topf geben und kurz aufkochen, dann abgedeckt bei geringer Hitze ca. 10 Min. garen. Kümmel und Haselnüsse unterrühren und die Suppe noch weitere 20 Min. köcheln lassen.

3 In der Zwischenzeit die Kresse mit einer Schere vom Beet in ein feines Sieb schneiden, kurz abbrausen und trocken schütteln. Die Suppe am Ende der Garzeit mit dem Pürierstab glatt pürieren, salzen und pfeffern. In Teller verteilen und mit der Kresse garnieren.

Für 4 Personen • 25 Min. Zubereitungszeit • Pro Portion ca. 70 kcal, 7 g E, 1 g F, 6 g KH

LAUCH-SPARGEL-SUPPE MIT PILZEN

EINFACH

30 g getrocknete Pilze
  (z. B. Steinpilze, Shiitake)
500 g grüner Spargel
6 Stängel Petersilie
500 g Lauch
1 kleine Knoblauchzehe
1 l Gemüsebrühe
Salz, Pfeffer

1 Die Pilze in wenig warmem Wasser einweichen. Spargel waschen, die holzigen Enden abschneiden. Die Spargelspitzen längs halbieren und beiseitelegen, die Spargelstangen grob hacken. Petersilie kalt abbrausen, trocken schütteln. Die Blättchen von den Stängeln zupfen, hacken. Vom Lauch nur das Weiße und Hellgrüne verwenden. Die Lauchstangen längs halbieren, in Halbringe schneiden und gründlich waschen. Den Knoblauch schälen, fein hacken.

2 Die Brühe in einem Topf kurz aufkochen lassen. Die Pilze aus dem Einweichwasser heben, fein hacken. Das Einweichwasser durch einen Kaffeefilter in die Suppe seihen. Das restliche Gemüse dazugeben und abgedeckt in ca. 15 Min. weich garen. Inzwischen die Spargelspitzen in wenig kochendem Salzwasser kurz blanchieren.

3 Die Suppe pürieren, bei Bedarf nachsalzen. In Teller verteilen und mit den Spargelspitzen und frisch gemahlenem Pfeffer garnieren.

Für 4 Personen • 25 Min. Zubereitungszeit • Pro Portion ca. 295 kcal, 4 g E, 18 g F, 27 g KH

SÜSSKARTOFFELSUPPE

KLASSIKER AUS INDIEN

2 Süßkartoffeln (ca. 500 g)
1 Knoblauchzehe
1 Stück Ingwer (1 cm lang)
2 EL Öl
1 EL Garam Masala
500 ml Gemüsebrühe
250 g Kokosmilch
Salz, Pfeffer

1 Die Süßkartoffeln schälen und in ca. daumendicke Würfel schneiden. Knoblauch abziehen, fein hacken. Den Ingwer schälen, reiben und mit dem gehackten Knoblauch zu einer Paste verrühren.

2 Das Öl in einem Topf erhitzen. Die Knoblauchpaste und Garam Masala darin bei mittlerer Hitze ca. 1 Min. erhitzen. Die Süßkartoffelwürfel hinzufügen und mit Gemüsebrühe und Kokosmilch ablöschen. Alles einmal kurz aufkochen, dann ungefähr 10 Min. abgedeckt bei geringer Hitze köcheln lassen, bis die Süßkartoffelstücke weich sind. Die Suppe mit Salz und Pfeffer abschmecken und servieren.

TAUSCH-TIPP
Anstelle der Süßkartoffeln können Sie auch festkochende Kartoffeln verwenden.

Für 4 Personen • 30 Min. Zubereitungszeit • Pro Portion ca. 350 kcal, 14 g E, 9 g F, 52 g KH

SOMMERMINESTRONE

AUS ITALIEN

500 g reife Tomaten
250 g Baby-Blattspinat
1 Zwiebel
1 Möhre
2 Stangen Staudensellerie
1 Knoblauchzehe
3 EL Olivenöl
1 Dose Borlotti-Bohnen (400 g;
    ersatzweise Cannelini-
    Bohnen)
200 g kleine Nudeln
    (z. B. Pipette, Orzo)
Salz, Pfeffer

1 Tomaten waschen, vierteln und von den Stielansätzen befreien. Spinat verlesen, waschen, abtropfen lassen. Zwiebel und Möhre schälen, fein würfeln. Staudensellerie putzen, waschen, bei Bedarf entfädeln und klein schneiden. Knoblauch schälen, fein hacken.

2 Das Öl in einem großen Topf erwärmen. Zwiebeln, Knoblauch, Möhre und Staudensellerie darin bei mittlerer Hitze andünsten. Die Tomaten unterrühren und alles einmal kurz aufkochen. Inzwischen die Bohnen in ein Sieb abgießen, kalt abbrausen und abtropfen lassen. Mit den Nudeln unter das Gemüse rühren.

3 Das Gemüse mit 1 l heißem Wasser aufgießen, mit Salz und Pfeffer würzen. Alles nochmals kurz aufkochen und ca. 8 Min. bei geringer Hitze köcheln lassen, bis die Pasta fast gar ist. Dann den Spinat unterrühren und noch 2–3 Min. mitgaren. Die Minestrone in Teller oder Suppenschalen verteilen und sofort genießen.

ZUM SATTESSEN

Für 4 Personen • 40 Min. Backzeit • 30 Min. Ruhezeit • 15 Min. Zubereitungszeit •
Pro Portion ca. 660 kcal, 18 g E, 21 g F, 99 g KH

PASTA MIT OFENGERÖSTETEN TOMATEN UND PAPRIKA

SOMMER-REZEPT

1 Knoblauchzehe
4 EL Olivenöl
Salz, Pfeffer
300 g reife Tomaten
3 rote Paprika
50 g Pinienkerne
4 getrocknete Tomaten (in Öl)
½ TL Zucker
500 g Vollkornnudeln (z. B. Penne,
   Fusilli, Rigatoni)
Basilikumblätter zum Garnieren
   (nach Belieben)

1 Den Backofen auf 180° vorheizen. Knoblauch schälen und fein hacken. Das Olivenöl mit dem gehackten Knoblauch sowie etwas Salz und Pfeffer pikant abschmecken.

2 Die Tomaten waschen, halbieren und von den Stielansätzen befreien. Die Paprika waschen, längs halbieren, Stielansatz, weiße Trennwände und Kerne entfernen. Ein Backblech mit Alufolie auslegen. Die Tomaten mit der Schnittfläche nach oben auslegen, mit dem gewürzten Olivenöl beträufeln. Die Paprikahälften mit der Schnittfläche nach unten dazugeben.

3 Das Gemüse im vorgeheizten Ofen (Mitte) ca. 40 Min. backen, bis die Schale der Paprikahälften dunkel wird. Das Blech aus dem Ofen nehmen, mit einem Tuch bedecken und das Gemüse ca. 30 Min. abkühlen lassen. In der Zwischenzeit die Pinienkerne im abkühlenden Ofen etwas bräunen.

4 Die Schale der Paprikahälften abziehen. Paprika, Tomaten und den Garsud vom Blech in einen hohen Rührbecher geben. Die getrockneten Tomaten hacken und mit dem Öl dazugeben. Alles glatt pürieren, mit Zucker, Salz und Pfeffer würzen.

5 Die Nudeln in sprudelnd kochendem Salzwasser nach Packungsanweisung al dente garen. In einem weiteren Topf die pürierte Tomatensauce erwärmen. Die fertig gegarten Nudeln direkt aus dem Topf in die Sauce geben und alles gut vermischen. Die Pasta in vier Schüsseln füllen, mit den Pinienkernen bestreuen und nach Belieben mit Basilikumblättern garnieren.

Béchamelsauce auf neue Art herstellen:
Die Cremigkeit von Hafercreme Cuisine und die
Standfestigkeit von pürierten weißen Bohnen
ergeben eine Sauce, die sich wie klassische Bécha-
mel verarbeiten und würzen lässt.

Für 4 Personen • 20 Min. Zubereitungszeit • 45 Min. Backzeit • Pro Portion ca. 565 kcal, 15 g E, 28 g F, 63 g KH

LASAGNE MIT GESCHMORTEN PILZEN

AUS ITALIEN

500 g aromatische Pilze
  (z. B. Kräuterseitlinge und
  Champignons zu gleichen Teilen
  oder 400 g Champignons
  und 6 Shiitake)
2 Knoblauchzehen
3 EL Olivenöl
Salz, Pfeffer
1 Dose weiße Riesenbohnen
  (200 g)
250 ml Hafercreme Cuisine
2 EL Mehl
400 ml Tomatensauce (Fertig-
  produkt)
250 g Lasagneplatten
2 EL gehackte Haselnusskerne
3 EL vegane Margarine

AUSSERDEM

Auflaufform (ca. 21 × 12 cm)
vegane Margarine für die Form

1 Die Pilze putzen, bei Bedarf mit einem Tuch abreiben, fein schneiden. Knoblauch schälen, fein hacken. Das Öl in einer Pfanne erwärmen, die Pilze darin kurz anbraten, salzen und pfeffern. Knoblauch und 2 EL heißes Wasser unterrühren und die Pilze abgedeckt ca. 10 Min. bei geringer Hitze garen.

2 Die Riesenbohnen in ein Sieb geben, kalt abbrausen und abtropfen lassen. Mit Hafercreme Cuisine, Salz und Pfeffer in einen hohen Rührbecher geben und cremig-fein pürieren. In einem Topf bei geringer Hitze erwärmen. Das Mehl darüber-sieben und vorsichtig unterrühren, bis die Sauce andickt.

3 Backofen auf 190° vorheizen. Die Form fetten. Etwas Tomatensauce auf dem Boden der Auflaufform verstreichen, darüber eine Lage Nudelplatten legen. Diese wieder mit Tomatensauce bestreichen – Ränder nicht aussparen. Darüber eine Lage Pilze legen und diese mit der Bohnen-Nuss-Sauce begießen. Vorgang wiederholen, bis die Pilze und Saucen aufgebraucht sind.

4 Mit einer Lage Nudelplatten abschließen, darüber die Haselnüsse streuen und die vegane Margarine in Flocken daraufsetzen. Die Lasagne im vorgeheizten Ofen (Mitte) etwa 45 Min. backen, bis die Nudelplatten gar sind und die Oberfläche goldbraun gebräunt ist. Am Ende der Backzeit aus dem Ofen nehmen und vor dem Aufschneiden 3–4 Min. ruhen lassen.

POLENTA-PIZZA MIT TOMATEN, ZWIEBELN UND PESTO

GÜNSTIG

Für 4 Personen • 50 Min. Zubereitungszeit • 3 Std. Ruhezeit • 20 Min. Backzeit •
Pro Portion ca. 565 kcal, 11 g E, 37 g F, 46 g KH

8 EL Olivenöl
150 g Instant-Polenta
Salz, Pfeffer
150 g Cashewkerne
2 rote Zwiebeln
1 TL getrockneter Thymian
400 g reife Tomaten
1 Bund Rucola
1 Knoblauchzehe
100 ml Tomatensauce (Fertig-
produkt)

1 Ein Backblech mit 2 EL Olivenöl fetten. 500 ml Wasser in einem Topf zum Kochen bringen. Kurz vor dem Aufkochen die Polenta in das Wasser einrieseln lassen. Topf vom Herd ziehen und die Polenta mit einem Rührbesen so lange rühren, bis sich ein glatter Teig bildet (Bild 1). Bei Bedarf noch etwas heißes Wasser angießen. Mit Salz und Pfeffer pikant abschmecken.

2 Polenta fingerdick auf dem Backblech verstreichen (Bild 2). Circa 3 Std. abkühlen und fest werden lassen. Inzwischen die Cashewkerne mindestens 1 Std. in warmem Wasser einwei-chen. Danach mit etwas Einweichwasser, Salz und Pfeffer in einen hohen Rührbecher geben und glatt pürieren.

3 Zwiebeln schälen, halbieren, in feine Streifen schneiden. 2 EL Olivenöl in einer Pfanne erwärmen. Die Zwiebeln darin in ca. 45 Min. unter Rühren karamellisieren. Mit Thymian würzen.

4 Ofen auf 200° vorheizen. Tomaten waschen, halbieren und die Stielansätze entfernen. Die Hälften fein schneiden. Rucola kalt abbrausen, trocken schütteln. Die Hälfte der Blättchen fein hacken, den Rest für die Garnierung beiseitestellen. Knoblauch schälen, hacken und mit dem gehackten Rucola und dem übri-gen Olivenöl (4 EL) zu einer Paste zerdrücken (Bild 3).

5 Die Tomatensauce auf der Polenta verstreichen und mit den Tomatenstücken und den karamellisierten Zwiebeln belegen (Bild 4). Die Cashew-Creme darüberträufeln, die Rucola-Paste in Klecksen dazwischensetzen (Bild 5). Die Pizza im Ofen (Mitte) in ca. 20 Min. goldgelb backen, dann herausnehmen und mit den restlichen Rucolablättern garniert servieren (Bild 6).

Für 4 Personen • 20 Min. Zubereitungszeit • Pro Portion ca. 455 kcal, 8 g E, 28 g F, 39 g KH

TACOS MIT ROTER BETE, ORANGEN UND GUACAMOLE

AUS KALIFORNIEN

8 Tacoschalen
4 kleine Rote Beten (vorgegart und
   vakuumiert)
2 Orangen
2 reife Avocados
1 rote Zwiebel
2 reife Tomaten
1 Chilischote
1 großes Bund Koriandergrün
Salz, Pfeffer

1 Backofen auf 150° vorheizen. Die Tacoschalen ca. 3 Min. erwärmen. Damit verlieren sie etwas an Knusprigkeit, halten aber die Füllung besser und brechen nicht beim ersten Biss.

2 Die Roten Beten fein würfeln (Einweghandschuhe!), beiseitestellen. Orangen bis ins Fruchtfleisch schälen, sodass auch die weiße Haut entfernt wird. Die Fruchtfilets zwischen den Trennwänden herauslösen, dabei den Saft auffangen.

3 Die Avocados halbieren, entkernen, das Fruchtfleisch mit einem Löffel aus der Schale heben und mit dem Orangensaft zu einer glatten Creme verrühren. Die Zwiebel schälen. Die Tomaten waschen, vierteln, Stielansätze und Kerne entfernen. Chili waschen, halbieren, Stielansätze, weiße Trennwände und Kerne entfernen. Das Koriandergrün kalt abbrausen, trocken schütteln. Die Blätter von den Stängeln zupfen und zur Hälfte beiseitestellen. Alle übrigen Zutaten fein hacken und unter die Guacamole rühren. Guacamole pikant salzen und pfeffern.

4 Das restliche Koriandergrün unter die Rote-Bete-Würfel mischen, diese gleichfalls salzen und pfeffern. Zum Servieren die Tacos mit Guacamole bestreichen, darüber die Rote-Bete-Würfel und die Orangenfilets schichten. Sofort genießen.

Für 4 Personen • 1 Std. Einweichzeit • 25 Min. Zubereitungszeit • Pro Portion ca. 475 kcal, 18 g E, 19 g F, 56 g KH

SCHLEMMER-BAGUETTE

RAFFINIERT

100 g Cashewkerne
400 g aromatische Pilze
(z. B. Kräuterseitlinge oder
eine Mischung aus Champi-
gnons und Shiitake)
1 Knoblauchzehe
3 EL Olivenöl
Salz, Pfeffer
1 EL Aceto balsamico
500 g grüner Spargel
150 g TK-Dicke-Bohnen
1 großes Baguette

1 Cashewkerne mindestens 1 Std. in warmem Wasser einweichen. Pilze putzen, fein schneiden. Knoblauch schälen, fein hacken. Das Öl in einer Pfanne erhitzen. Knoblauch und Pilze darin ca. 2 Min. anbraten. Mit 3 EL Wasser ablöschen, salzen, pfeffern und abgedeckt bei geringer Hitze ca. 10 Min. garen. Balsamico unterrühren.

2 Spargel abbrausen, holzige Enden entfernen, Köpfe abschneiden. Die Stangen längs halbieren. Spargelstangen und -köpfe in kochendem Salzwasser ca. 5 Min. dünsten, dann herausheben und nun die TK-Bohnen gleichfalls ca. 5 Min. garen. Cashewkerne und Bohnen mit etwas Einweichwasser fein pürieren, salzen und pfeffern.

3 Baguette längs halbieren und mit der Bohnen-Cashew-Creme bestreichen. Auf einer Hälfte die Pilze und den Spargel anrichten, die andere Hälfte auflegen und fest andrücken. Das Baguette in vier Stücke schneiden, auf Teller verteilen und sofort servieren.

Für 4 Personen • 30 Min. Backzeit • Pro Portion ca. 415 kcal, 6 g E, 11 g F, 74 g KH

SCHWEIZER RÖSTI MIT BIRNEN

KLASSIKER

500 g aromatische Birnen
1 Vanilleschote
80 g Zucker
4 Pimentkörner
1,5 kg mehligkochende
    Kartoffeln
Salz, Pfeffer
¼ TL frisch geriebene
    Muskatnuss
4 EL Rapsöl

1 Birnen vierteln, schälen, entkernen und grob würfeln. Die Vanilleschote längs halbieren, das Mark herausschaben. Birnenstücke mit Vanillemark und -schote, Zucker, Piment und 4 EL Wasser in einem Topf aufkochen und bei geringer Hitze ca. 15 Min. köcheln lassen.

2 Die Kartoffeln waschen, schälen, fein raspeln. Die Raspel gut ausdrücken. Mit Salz, Pfeffer und Muskat würzig abschmecken.

3 Das Öl in einer großen beschichteten Pfanne erhitzen. Die Raspel in einer geschlossenen Lage einschichten und ca. 5 Min. bei mittlerer Hitze anbraten, bis die Rösti an der Unterseite goldbraun ist.

4 Rösti wenden und weitere 5 Min. braten. Dann nochmals wenden und in 1–2 Min. knusprig werden lassen. In Stücke teilen, auf Tellern anrichten und mit dem lauwarmen Kompott servieren.

Für 4 Personen • 30 Min. Zubereitungszeit • Pro Portion ca. 505 kcal, 16 g E, 11 g F, 84 g KH

KICHERERBSEN-PASTA-EINTOPF

VOLLWERT

1 Knoblauchzehe
2 Stangen Staudensellerie
1 Möhre
1 Bio-Zitrone
3 EL Olivenöl
2 Dosen stückige Tomaten
(800 g)
½ TL geräuchertes Chilipulver
Salz, Pfeffer
400 g Spirelli-Nudeln
(z. B. Dinkel-Spirelli)
1 Dose Kichererbsen (400 g)

1 Knoblauch schälen. Staudensellerie putzen, waschen und bei Bedarf entfäceln. Möhre putzen, schälen. Alle Zutaten fein hacken. Die Zitrone heiß waschen, abtrocknen und die Schale breit abziehen.

2 Das Öl in einem großen Topf erhitzen. Knoblauch, Sellerie und Möhre darin ca. 8 Min. bei mittlerer Hitze anbraten. Tomaten und Chilipulver unterrühren, alles salzen und pfeffern und einmal kurz aufkochen. Die Zitronenschale einlegen. Die Gemüsemischung abgedeckt bei geringer Hitze ca. 15 Min. köcheln lassen.

3 Die Nudeln nach Packungsanweisung in sprudelndem Salzwasser al dente garen. Die Kichererbsen in ein Sieb abgießen, kalt abbrausen. 2 EL davon pürieren und mit dem Rest unter den Gemüse-Mix rühren. Zitronenschale entfernen. Die fertig gegarten Nudeln aus dem Kochwasser zum Gemüse geben. Bei Bedarf mit etwas Salz und Pfeffer nachwürzen. Den Eintopf auf Teller verteilen und servieren.

Für 4 Personen • 30 Min. Zubereitungszeit • Pro Portion ca. 415 kcal, 9 g E, 2 g F, 83 g KH

ARTISCHOCKEN-RISOTTO

WINTER-REZEPT

800 ml heiße Gemüsebrühe
12 Artischocken (in Öl)
2 Knoblauchzehen
1 Schalotte
400 g Risotto-Reis
100 ml Weißwein
8 grüne Oliven
Salz, Pfeffer
½ Bund glatte Petersilie
1 Bio-Zitrone

1 Die Brühe erhitzen und warm halten. Artischocken in ein Sieb abgießen, das Öl auffangen. Artischocken in feine Scheiben schneiden. Knoblauch und Schalotte schälen, jeweils fein hacken. 2 EL Artischockenöl in einem Topf erwärmen. Schalotte und die Hälfte des Knoblauchs darin bei mittlerer Hitze ca. 5 Min. dünsten. Den Reis einrühren, sodass alles mit Öl benetzt ist. Mit Weißwein ablöschen.

2 Eine Kelle heiße Brühe unterrühren und köcheln, bis die Reiskörner die Flüssigkeit aufgesogen haben. Vorgang wiederholen, bis der Reis gar und die Konsistenz schön cremig ist. Oliven klein schneiden und mit den Artischocken unterrühren. Risotto salzen und pfeffern.

3 Petersilie abbrausen, trocken schütteln, die Blättchen abzupfen, fein hacken. Zitrone heiß waschen, abtrocknen und die Schale fein abreiben. Petersilie, Zitronenschale und restlichen Knoblauch verrühren. Das Risotto mit der Gremolata bestreuen und servieren.

GYOZA MIT DIP

GÜNSTIG

Für 4 Personen • 40 Min. Zubereitungszeit • 30 Min. Auftauen • Pro Portion ca. 405 kcal, 12 g E, 31 g F, 21 g KH

30 TK-Gyozateigblätter (Asien-
    laden)
300 g fester Tofu
3 EL getrocknete Pilze
    (z. B. Shiitake)
1 Bund Schnittlauch (ersatzweise
    ½ Bund Schnittknoblauch)
1 kleiner Chinakohl (ca. 200 g)
2 Knoblauchzehen
2 EL Maisstärke
Salz, Pfeffer
100 ml Sesamöl
3 EL Sojasauce
1 Limette

GUT ZU WISSEN

Gyoza in größerer Menge zu-
bereiten und roh einfrieren.
Dazu erst auf eine Platte legen
und etwas anfrieren lassen,
dann in einen Gefrierbeutel
umfüllen. Bei Bedarf 1–2 Min.
antauen lassen, dann wie be-
schrieben herausbacken.

1 Teigblätter 30 Min. antauen lassen, bis sie sich gut vonei-
nander lösen. Tofu in Küchenpapier, dann in ein Geschirrtuch
schlagen, mit einer Pfanne beschweren und ca. 25 Min. pres-
sen, bis Wasser ausgetreten und die Konsistenz fester ist (Bild
1). Pilze ca. 25 Min. in 3 EL heißem Wasser einweichen. Danach
herausnehmen und das Einweichwasser beiseitestellen.

2 Schnittlauch und Chinakohl abbrausen, trocken schütteln
und fein schneiden (Bild 2). Knoblauch schälen, hacken. Die
vorbereiteten Zutaten mit Tofu und Pilzen in einen hohen Rührbecher geben. Die Maisstärke hinzufügen und alles mit dem
Pürierstab grob verarbeiten. Salzen und pfeffern.

3 Pilzeinweichwasser, 3 EL Sesamöl und Sojasauce zu einem
Dip verrühren. Die Limette halbieren, den Saft auspressen und
unter den Dip rühren. Mit Salz und Pfeffer würzen.

4 Gyozateigblätter auf der Arbeitsplatte auslegen (Bild
3). Das erste Blatt am Rand mit Wasser einstreichen. Etwa
1 EL Füllung in die Mitte geben, das Blatt zur Hälfte falten und
an den Rändern zusammendrücken. Auf einen großen Teller
legen. Die übrigen Teigblätter ebenso verarbeiten (Bild 4).

5 Die Gyoza portionsweise in heißem Sesamöl herausbacken
(Bild 5). Hierzu jeweils 3 EL Sesamöl in einer großen beschichteten Pfanne erhitzen und die Gyoza darin ca. 3 Min. knusprig
backen, bis sie sich vom Pfannenboden lösen. Dann wenden
und noch 1 Min. anbraten. Mit ca. 60 ml heißem Wasser begießen (Vorsicht, Spritzgefahr!). Sofort einen Deckel aufsetzen.

6 Gyoza 3–4 Min. im verdampfenden Wasser nachgaren,
dann herausnehmen und warmstellen. In gleicher Weise die
übrigen Gyoza verarbeiten. Mit der Dipsauce servieren (Bild 6).

Für 4 Portionen • 30 Min. Zubereitungszeit • Pro Portion ca. 210 kcal, 3 g E, 8 g F, 31 g KH

SÜSSKARTOFFEL-GEWÜRZ-CURRY

EXOTISCH

2 Süßkartoffeln (600 g)
2 schwarze Kardamomkapseln
1 Stück Kurkuma (ca. 0,5 cm lang;
ersatzweise 1 Msp. gemahlene
Kurkuma)
2 EL Öl
1 TL schwarze Senfkörner
½ TL Zimtpulver
½ TL Chilipulver
½ Limette
100 ml Mandeldrink
250 ml Tomatensauce (Fertig-
produkt)
Salz, Pfeffer
2 Frühlingszwiebeln (nach
Belieben)

1 Süßkartoffeln waschen, schälen und fein würfeln. Die Samen aus den Kardamomkapseln lösen und im Mörser zu einem feinen Pulver zerstoßen. Kurkuma schälen und fein hacken.

2 Das Öl in einem großen Topf erhitzen. Gemörserten Kardamom, gehackte Kurkuma, Senfkörner, Zimt- und Chilipulver darin 2–3 Min. anrösten, bis sich die Aromen entfalten und die Senfkörner aufplatzen. Limette halbieren, den Saft auspressen.

3 Süßkartoffelwürfel unter die Gewürze rühren und kurz mit anbraten. Limettensaft, Mandeldrink und Tomatensauce dazugeben, alles aufkochen und pikant salzen und pfeffern. Das Curry ca. 15 Min. abgedeckt bei geringer Hitze köcheln lassen, bis die Süßkartoffeln weich sind, aber noch ihre Form haben.

4 Das Curry mit Jasmin-Reis servieren. Nach Belieben die Frühlingszwiebeln putzen, waschen, mitsamt dem Grün in feine Röllchen schneiden und über das Curry streuen.

GU
CLOU

Der geräucherte schwarze Kardamom wird auch als Speck unter den Gewürzen bezeichnet, denn er gibt veganen oder vegetarischen Gerichten ein herzhaftes Umami-Aroma.

SÜSSES

Für 4 Personen • 30 Min. Zubereitungszeit • Pro Portion ca. 385 kcal, 7 g E, 19 g F, 44 g KH

KOKOSMILCHREIS MIT HIMBEEREN

KLASSIKER

400 g Kokosmilch
150 g Milchreis
1 Bio-Orange
1 Pck. Vanillezucker
200 g Himbeeren
2 EL Puderzucker

1 Die Kokosmilch in einem Topf erhitzen. Den Milchreis einrieseln lassen und unterrühren. Bei geringer Hitze abgedeckt ca. 20 Min. köcheln. Zwischendurch überprüfen, ob der Reis bereits die Flüssigkeit aufgesogen hat; in diesem Fall esslöffelweise heißes Wasser dazugeben und untermischen.

2 Orange heiß waschen, abtrocknen und die Schale fein abreiben. Die Orange halbieren, den Saft auspressen. Schale und Saft mit dem Vanillezucker unter den fertig gegarten Reis rühren und diesen noch 2–3 Min. ausquellen lassen.

3 Himbeeren verlesen, kurz abbrausen und vorsichtig trocken tupfen. Den noch warmen Reis auf Dessertellern anrichten, mit Himbeeren garnieren und mit Puderzucker bestäuben.

Für 4 Personen • 15 Min. Zubereitungszeit • Pro Portion ca. 185 kcal, 4 g E, 7 g F, 12 g KH

GEFÜLLTE PAPAYA MIT LIMETTE

EINFACH

50 g Mandelstifte
250 g Heidelbeeren
4 Zweige Minze
1 EL brauner Zucker
2 große reife Papaya
1 Limette

TAUSCH-TIPP
Sie können anstelle der
Heidelbeeren auch 250 g
fein gewürfeltes Mango-
Fruchtfleisch verwenden.

1 Die Mandelstifte in einer beschichteten Pfanne ohne Fett bei geringer Hitze ca. 3 Min. rösten, bis sie goldgelb sind.

2 Die Heidelbeeren verlesen, kurz abbrausen und vorsichtig trocken tupfen. Minze kalt abbrausen, trocken schütteln. Die Blättchen von den Stängeln zupfen, einige davon für die Garnierung beiseitelegen, den Rest fein hacken. Mit den Heidelbeeren in eine Schüssel geben, mit dem Zucker bestreuen und ca. 5 Min. ziehen lassen.

3 Papaya längs halbieren, die Kerne herausschaben. Das Fruchtfleisch mit einem Kugelausstecher herauslösen und mit den Heidelbeeren vermischen. Die Limette halbieren, den Saft auspressen und unterrühren. Den Fruchtsalat in die ausgehöhlten Papayahälften füllen und mit den Mandeln bestreuen. Sofort servieren.

Für 4 Personen • 10 Min. Zubereitungszeit • Pro Portion ca. 230 kcal, 2 g E, 6 g F, 41 g KH

FRUCHT-KEBABS MIT DATTEL-CHUTNEY

EXOTISCH

2 große Tomaten
100 g Datteln (entsteint)
2 EL Öl
½ TL Salz
½ TL geräuchertes Chilipulver
2 Bananen
200 g frische Ananas (geputzt
   gewogen)
½ Cantaloupe-Melone

AUSSERDEM
8 Schaschlikspieße aus Metall

1 Die Tomaten waschen und fein schneiden, dabei die Stielansätze entfernen. Die Datteln fein hacken. Das Öl in einer Pfanne erhitzen. Die Tomaten darin ca. 2 Min. braten, dann die Dattelstücke unterziehen und alles leicht salzen. Abgedeckt ca. 10 Min. köcheln lassen. Bei Bedarf heißes Wasser angießen; die Konsistenz sollte zähflüssig sein. Mit Chilipulver würzen und die Pfanne vom Herd ziehen.

2 Bananen schälen und mit dem Ananasfruchtfleisch in mundgerechte Stücke teilen. Melone halbieren, von den Kernen befreien, schälen und in passende Stücke schneiden. Die Obststücke abwechselnd auf acht Spieße stecken. Zum Dattel-Chutney servieren.

Für 4 Personen • 15 Min. Zubereitungszeit •
2 Std. Ruhezeit •
Pro Portion ca. 215 kcal, 4 g E, 19 g F, 6 g KH

Für 4 Personen • 10 Min. Zubereitungszeit •
2 Std. Ruhezeit •
Pro Portion ca. 70 kcal, 1 g E, 0 g F, 5 g KH

KOKOSGELEE

EINFACH

400 g Kokosmilch (Dose) • ½ TL Agar-Agar •
1 Msp. Salz • 1 EL Zucker • 1 Limette • 3 EL
essbare Blüten

1 Die Kokosmilch mit Agar-Agar, Salz und Zucker in einem Topf einmal aufkochen und ca. 2 Min. köcheln lassen, dann vom Herd ziehen.

2 Die Limette halbieren, den Saft auspressen und portionsweise unter das Gelee rühren.

3 Das Kokosgelee noch warm in eine flache Form füllen, ca. 2 Std. abkühlen und fester werden lassen, dann mit den Blüten bestreuen.

ERDBEEREN IN ROSÉ

FÜR GÄSTE

300 ml milder Roséwein • ¼ TL Agar-Agar •
200 g reife Erdbeeren • 1 TL Zucker (nach Belie-
ben) • 4 Sektschalen oder Dessertgläser

1 Roséwein mit Agar-Agar in einem kleinen Topf einmal kurz aufkochen und ca. 2 Min. köcheln lassen. Dann den Topf vom Herd ziehen und das Gelee einige Minuten abkühlen lassen.

2 Inzwischen die Erdbeeren kalt abbrausen, entkelchen und fein schneiden. Nach Belieben mit Zucker bestreuen und ca. 5 Min. ziehen lassen.

3 Erdbeeren in die Gläser verteilen, das Gelee angießen. Bei Raumtemperatur etwa 2 Std. fest werden lassen. Nach Belieben gekühlt servieren.

*Für 40 Stück • 10 Min. Zubereitungszeit •
25 Min. Backzeit •
Pro Portion ca. 60 kcal, 1 g E, 2 g F, 9 g KH*

*Für 4 Personen • 20 Min. Zubereitungszeit •
20 Min. Kühlzeit •
Pro Portion ca. 160 kcal, 4 g E, 8 g F, 17 g KH*

SHORTBREAD

GÜNSTIG

120 g zimmerwarme vegane Margarine • 130 g Zucker • ½ Bio-Zitrone • 220 g Mehl • 80 g Maisstärke • 1 flache Backform (ca. 25 × 20 cm) • vegane Margarine für die Form

1 Ofen auf 160° vorheizen. Margarine mit 80 g Zucker schaumig schlagen. Zitrone heiß waschen. Schale fein abreiben und mit übrigem Zucker (50 g) mischen. Zitronensaft auspressen.

2 Das Mehl mit der Stärke in die Margarine sieben und alles mit dem Handrührgerät bei mittlerer Geschwindigkeit zu einem glatten Teig verarbeiten, dabei den Zitronensaft angießen.

3 Form fetten, den Teig einfüllen und im Ofen (Mitte) ca. 25 Min. backen, bis er an der Oberfläche trocken ist. Herausnehmen, mit dem Zucker-Mix bestreuen und abkühlen lassen. In der Form in kleine fingerstarke Stücke schneiden.

MANGO-SORBET

ERFRISCHEND

2 reife Mangos • 1 Limette • 100 ml Mandeldrink • 50 g Mandelblättchen • 8 Kräuterblüten, z. B. Basilikum (ersatzweise Minzeblättchen) • 2 EL Heidelbeeren (nach Belieben)

1 Mangos schälen, das Fruchtfleisch möglichst nah vom Stein und in grobe Würfel schneiden. Für ca. 20 Min. in das Tiefkühlfach geben.

2 Die Limette halbieren, den Saft auspressen. Mangostücke, Limettensaft und Mandeldrink in einen hohen Rührbecher geben und mit dem Pürierstab cremig-fein pürieren.

3 Nach Wunsch noch für ca. 30 Min. ins Tiefkühlfach geben und kalt werden lassen. Vor dem Servieren mit Mandelblättchen, Basilikumblüten und nach Belieben mit Heidelbeeren garnieren.

Für 4 Personen • 10 Min. Zubereitungszeit • 20 Min. Backzeit • Pro Portion ca. 135 kcal, 1 g E, 7 g F, 15 g KH

ERDBEEREN MIT BALSAMICO

EINFACH

500 g reife Erdbeeren
2 EL Puderzucker
1 Bio-Orange
2 EL Olivenöl
1 EL Aceto balsamico
8 ungewürzte schwarze Oliven
   (z. B. Kalamata)

GUT ZU WISSEN
Schwarze Oliven harmonie-
ren sehr gut mit Süßem, so-
gar mit Bitterschokolade.
Statt Oliven aus dem Glas
besser frische Ware vom
Wochenmarkt verwenden.

1 Ofen auf 130° vorheizen. Die Erdbeeren abbrausen, vorsichtig trocken tupfen und halbieren, dabei die Kelche entfernen. Die Früchte mit Puderzucker bestreuen und ca. 5 Min. marinieren lassen.

2 Orange heiß waschen, abtrocknen und die Schale fein abreiben. Die Fruchtfilets zwischen den Trennwänden herauslösen, dabei den Saft auffangen. Filets, Schale und Saft unter die Erdbeeren mischen.

3 Ein Backblech mit Backpapier auslegen. Den Frucht-Mix darauf verteilen und im Ofen (Mitte) ca. 20 Min. backen. Danach heraus- nehmen, in eine Schüssel geben und mit Olivenöl sowie Balsamico aromatisieren. Die Oliven entsteinen, sehr fein hacken, unterrühren.

4 Der Fruchtsalat kann ofen- oder zimmerwarm serviert werden. Er passt als pikanter Nachtisch zu Focaccia oder zu Zitronensorbet.

Für 4 Personen • 20 Min. Zubereitungszeit • 20 Min. Backzeit • Pro Portion ca. 240 kcal, 4 g E, 6 g F, 41 g KH

OFEN-ANANAS MIT GRAPEFRUIT

RAFFINIERT

1 kleine reife Ananas
1 Bio-Orange
3 EL brauner Zucker
2 Grapefruits
4 EL Pistazienkerne

MEHR DRAUS MACHEN
Orangenmarinade mit
2 EL Cointreau verfeinern.

1 Ofen auf 180° vorheizen. Die Ananas oben und unten gerade-schneiden, aufrecht stellen und schälen. Dann das Fruchtfleisch entlang des Strunks in Achteln abtrennen. Orange heiß waschen, abtrocknen und die Schale fein abreiben. Die Orange halbieren, den Saft auspressen. Schale und Saft mit dem Zucker verrühren.

2 Ein Backblech mit Backpapier auslegen, die Ananasachtel darauf verteilen und mit dem Orangen-Mix bestreichen. Im vorgeheizten Ofen (Mitte) ca. 20 Min. backen. Inzwischen die Grapefruits bis ins Fruchtfleisch schälen, sodass auch die weiße Haut entfernt wird. Die Fruchtfilets vorsichtig zwischen den Trennwänden herauslösen, dabei den Saft auffangen. Die Pistazienkerne grob hacken.

3 Die Ofen-Ananas auf Teller verteilen. Den Garsud mit dem Grapefruitsaft verrühren und über die Ananasstücke träufeln. Mit Grapefruitfilets anrichten und die Pistazien darüberstreuen.

REGISTER

Abkürzungsverzeichnis:

E = Eiweiß
EL = Esslöffel (gestrichen)
F = Fett
kcal = Kilokalorien
KH = Kohlenhydrate
Msp. = Messerspitze
Pck. = Päckchen
TK = Tiefkühl
TL = Teelöffel (gestrichen)
Ø = Durchmesser

Projektleitung: Sabine Sälzer
Lektorat: Dr. Stefanie Gronau
Korrektorat: Adelheid Schmidt-Thomé
Gesamtgestaltung: independent
Medien-Design, München:
Horst Moser (Artdirection),
Lucie Heselich, Svenja Wamser
Herstellung: Renate Hutt
Satz: Kösel, Krugzell
Reproduktion: Medienprinzen GmbH,
München
Druck und Bindung:
Firmengruppe APPL, aprinta druck,
Wemding
Syndication:
www.seasons.agency
Printed in Germany

3. Auflage 2020
ISBN 978-3-8338-7302-7

 www.facebook.com/gu.verlag

DIE AUTORIN

Gabriele Gugetzer ist seit vielen Jah-
ren erfolgreiche Kochbuchautorin und
-produzentin. Als reiselustige Food-
journalistin schreibt sie über Kulinari-
sches aus aller Welt und erkundet immer wieder neue zeitgemäße Themen.

DIE FOTOGRAFIN

Coco Lang fotografiert Food und Stills
in ihrem Werkstattstudio direkt am
Münchner Viktualienmarkt.
Zusammen mit **Michael Menzel** (Food-
styling Rezepte) und **Sven Dittmann**
(Foodstyling Klappen) hat sie die vega-
nen Rezepte aus aller Welt gekonnt in
Szene gesetzt.

BILDNACHWEIS

Autorenfoto: Dagmar Steffen
Coverfoto: photisserie,
Kathrin Koschitzki
Alle anderen Fotos: Coco Lang

Umwelthinweis:

Dieses Buch ist auf PEFC-zertifiziertem
Papier aus nachhaltiger Waldwirtschaft
gedruckt.

LIEBE LESERINNEN UND LESER,

wir wollen Ihnen mit diesem Buch Informationen und
Anregungen geben, um Ihnen das Leben zu erleichtern
oder Sie zu inspirieren, Neues auszuprobieren. Wir ach-
ten bei der Erstellung unserer Bücher auf Aktualität und
stellen höchste Ansprüche an Inhalt und Gestaltung.
Alle Anleitungen und Rezepte werden von unseren
Autoren, jeweils Experten auf ihrem Gebiet, gewissen-
haft erstellt und von unseren Redakteuren/innen mit
größter Sorgfalt ausgewählt und geprüft.

Haben wir Ihre Erwartungen erfüllt? Sind Sie mit
diesem Buch und seinen Inhalten zufrieden? Haben
Sie weitere Fragen zu diesem Thema? Wir freuen uns
auf Ihre Rückmeldung, auf Lob, Kritik und Anregungen,
damit wir für Sie immer besser werden können. Und wir
freuen uns, wenn Sie diesen Titel weiterempfehlen, in
Ihrem Freundeskreis oder online.

Sollten wir Ihre Erwartungen so gar nicht erfüllt haben,
tauschen wir Ihnen Ihr Buch jederzeit gegen ein gleich-
wertiges zum gleichen oder ähnlichen Thema um.

KONTAKT

GRÄFE UND UNZER VERLAG
Leserservice
Postfach 86 03 13
81630 München
E-Mail: leserservice@graefe-und-unzer.de

Telefon: 0 08 00 / 72 37 33 33*
Telefax: 0 08 00 / 50 12 05 44*
Mo – Do: 9.00 – 17.00 Uhr
Fr: 9.00 – 16.00 Uhr (*gebührenfrei in D, A, CH)

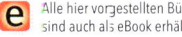

DIE »GU KOCHEN PLUS«-APP

 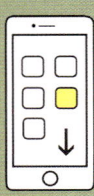

1 APP HERUNTERLADEN

Laden Sie die kostenlose »GU Kochen Plus«-App im Apple App Store oder im Google Play Store auf Ihr Smartphone. Starten Sie die App und wählen Sie Ihren Küchenratgeber aus.

2 REZEPTBILD SCANNEN

Scannen Sie das gewünschte Rezeptbild mit der Kamera Ihres Smartphones. Klicken Sie im Display die Funktion Ihrer Wahl.

3 FUNKTIONEN NUTZEN

Sammeln Sie Ihre Lieblingsrezepte. Speichern und verschicken Sie Ihre Einkaufslisten. Oder nutzen Sie den praktischen Supermarkt-Finder und den Rezept-Planer.